Kirstin ∞ Uwe

18. Mai 2002 von Nora

Rezepte für

Lust und Liebe

von Doris Muliar
und

Peter Gaymanns Paargeschichten

Foodfotografie: Barbara Bonisolli

Inhaltsverzeichnis

Wie war's bei euch?
s'ging so!

SUSANNE
ICH LIEBE
DICH!!
GEGEN DIESEN BESCHEID KANN
INNERHALB VON 4 WOCHEN
WIDERSTRUCH EINGELEGT

Wer träumt nicht von einer **tollen Liebesnacht**? Mit einer neuen Liebe Sinnlichkeit pur erleben oder mit dem langjährigen **Partner** aus längst Gewohntem ausbrechen und neues heisses **Liebesfeuer** entfachen. Lassen Sie sich mit diesem Buch zum Verführen verleiten.

Für Lust ...

Haben Sie irgendwas Erotisierendes auf der Karte?
P. GAY

... und Liebe

Entspannt verführt sich's besser

Sex und ein ausgefülltes Liebesleben sind sehr von unseren Stimmungen abhängig. Was nützen die tollsten Versprechungen aus der Apotheke, was helfen die sinnlichsten Düfte exotischer Gerichte, wenn wir nervös, gestresst und einfach schlecht gelaunt sind.

Entspannen Sie sich! Die schönsten Vorbereitungen für eine zärtliche und leidenschaftliche Begegnung werden nicht so recht zum Erfolg führen, wenn Sie verkrampft und verspannt sind. Ein heißes Bad mit duftenden Zusätzen, eine sanfte Massage mit wohlriechenden Lotionen oder aromatisch gewürzte Getränke als Aperitif können da Wunder wirken.

Verbannen Sie alles, was stört! Keine Gedanken an Unerledigtes, keine Gespräche über Ängste oder Ärger! Schalten Sie ab, und entkommen Sie der Hektik Ihres Alltags. Nur wer seine innere Ruhe wieder finden kann, ist auch in der Lage, erfüllte Sexualität zu genießen. Wenn es Ihnen nicht gelingt, so einfach abzuschalten, versuchen Sie es mal mit Entspannungstechniken. Geeignet sind zum Beispiel Autogenes Training, Progressive Muskelentspannung oder Meditation.

Verführen Sie sich selbst und den Partner – nicht mit zerstoßenem Horn vom Nashorn oder mit Schlangenblut, nicht mit Potenzmitteln und Orgasmuscremes, deren Wirkung äußerst zweifelhaft ist. Betören Sie vielmehr mit ganz einfachen, aber ausgesprochen wirkungsvollen Mitteln: mit einem schön gedeckten Tisch, mit kleinen, schnell zubereiteten Speisen, mit Kerzenlicht – am Tisch, im Bad, auf dem Weg ins Schlafzimmer und natürlich auch dort selbst! – Dann kommen Sie beide garantiert bald in die richtige Stimmung.

Getränke, die anregen

Mit Maß genossen wirkt Alkohol durchaus anregend. Nüchtern betrachtet regt er die Durchblutung an, was sich auch positiv auf die Sexualorgane auswirkt.

Besonders Champagner macht sinnlich, etwas leichtsinnig, schafft eine ganz besondere Stimmung. Cocktails mit Champagner oder Sekt, wie ein Bellini (2 Teile Champagner, 1 Teil Pfirsichpüree, 1 TL Grenadine) oder Kir Royal (Champagner mit einem Schuss Cassis) kitzeln den Gaumen und wecken die Fantasie.

Alkoholische Aphrodisiaka können Sie auch leicht selbst herstellen, indem Sie aromatische Gewürze wie Vanille, Zimt, Kardamom und Koriander oder Kräuter wie Rosmarin und Thymian mit jeweils 1 l Weißwein vermischen. Den Wein gut verschließen, täglich schütteln und nach 10 Tagen durch ein Sieb gießen.

Auch Kaffee und Kakao gelten als psychoaktive Getränke, sie waren früher beliebte Aphrodisiaka. Kaffee wirkt allgemein stimulierend, was durch eine Zubereitung beispielsweise mit Kardamom, Vanille und Zimt noch verstärkt wird.

Luxus macht sinnlich

Eine Languste, ein bisschen Kaviar, dazu ein Glas Champagner oder eine Hand voll Linguine mit frisch gehobelter Trüffel vermischt – das lässt den Alltag vergessen.

Exotische Früchte bieten neben dem unbekannten Gaumenkitzel auch noch eine Vielzahl von Vitaminen und Mineralstoffen, die rundum fit für die Liebe machen.

Orientalische Gewürze – früher so kostbar, dass sie mit Gold aufgewogen wurden – sind traditionelle Grundzutaten für erotische Gaumenfreuden. Insbesondere Zimt, Muskat, Kardamom, Ingwer, Pfeffer und Safran.

Manche dieser exotischen und teuren Zutaten halten auch einer wissenschaftlichen Überprüfung stand, andere machen aber ganz einfach deshalb gute Stimmung, weil man sich nicht zuletzt aufgrund ihres hohen Preises den Genuss nur so selten erlaubt.

Food for Love

Was beide in Stimmung bringt

Liebeszauber hat nichts mit Hexerei zu tun. Sie müssen auch nicht stundenlang für ein 6-Gänge-Menü in der Küche stehen. Das macht nur müde. Zweck des gemeinsamen Mahls ist ja, die sinnliche Liebe zu entfachen. Wenn Sie schon mit dem Kochen viel Zeit und Energie verschwenden, bleibt die Erotik auf der Strecke.

Doch vergessen Sie vor lauter Liebe das Essen nicht völlig: Denn, wenn der Blutzuckerspiegel zu stark sinkt, haben wir Stresshormone im Blut, Aggression statt Lust ist die Folge.

Ein einfaches Gericht, raffiniert gewürzt, kann der Auftakt sein für eine wunderbare Nacht, der Beginn eines erotischen Wochenendes. Ideales Love Food sind auch kleine leichte Gerichte, die man mit den Fingern essen kann.

Einige Substanzen im Essen wirken direkt auf den Hormonhaushalt. Der Universalstoff für Wohlbefinden, Entspannung und Glücksgefühle ist Serotonin. Das stellt der Körper zwar selbst her, er muss dazu aber angeregt werden. Dafür sind Kakao, Schokolade und Zucker am besten geeignet. Es genügt beispielsweise schon 1 Tasse Kakao – nach Belieben noch mit Gewürzen verfeinert – oder einige Stückchen Schokolade.

Besonders Fische und Meeresfrüchte sind wahres Essen für die Liebe. Sie enthalten nicht nur viel Eiweiß, sie sind auch reich an Vitaminen und Mineralstoffen. Fische haben für manche ein geradezu erotisches Aroma, und Meeresfrüchte sind äußerst aphrodisisch sowie schnell, am besten gemeinsam, zubereitet.

Auch süsse Getränke machen Laune. Also ruhig einmal einen süßen Wein, Port oder roten Wermut kredenzen, das heizt ein.

ewürze und Kräuter wirken erotisierend

Gewürze und Kräuter sind nicht nur Aromaspender, sie stimulieren auch Geist und Körper. Sie machen aufnahmefähig für das Liebesspiel, können etwas enthemmen und das sexuelle Interesse verstärken. Verantwortlich dafür sind die ätherischen Öle in den Pflanzen, die den Geruchs- und Geschmacksinn ansprechen.

Früher wusste man viel besser Bescheid über die verführerischen Zwecke von Gewürzen und Kräutern. Heute geben wir Safran zum Reis, Muskat in den Spinat und streuen Petersilie über den Salat, ohne etwas über die sinnliche Wirkung der Gewürze zu wissen.

Durch die Nasen- und Mundschleimhaut gelangen Duftstoffe durch das Blut ins limbische System im Gehirn. Dort ist die zentrale Schaltstelle, die Gefühle mit dem Körper verbindet und so auf den Sexualtrieb wirkt. Dafür allerdings sollten Kräuter und Gewürze häufig angewendet werden. Denn das macht Körper und Seele auf Dauer sinnlich.

Was sicher abtörnt

Fettes Essen und zu viel Kohlenhydrate, also etwa Riesenknödel mit fetter Sauce machen nicht sinnlich. Im Gegenteil, sie töten die Lust ab: Nach einem ausgiebigen Schlemmermahl konzentriert sich das Blut im Verdauungstrakt, man wird müde.

Bier ist das unerotischste Getränk überhaupt. Der Alkohol darin regt zwar an, dafür macht aber der Hopfen um so schlapper.

Nikotinatem und -geruch an den Fingern bringt Leidenschaft zum Erliegen. Es sei denn, beide sind starke Raucher – was aber auf Dauer die Leistungsfähigkeit reduziert.

Telefonklingeln, wenn Sie beide gerade so richtig in Fahrt kommen, bricht allen Zauber. Rangehen kommt dann nicht in Frage – aber wenn es nun doch etwas Wichtiges war? Diese Gedanken törnen garantiert ab. Stellen Sie also unbedingt das Telefon ab, wenn es eine heiße Liebesnacht werden soll.

Zum Antörnen: Leichte Cocktails

Aromatische Mixgetränke dürfen bei der kulinarischen Ouvertüre zu erotischen Stunden nicht fehlen. Sie können genausogut Auftakt wie auch krönender Abschluss des Liebesmenüs sein und ergänzen mit ihren entspannenden und anregenden Ingredienzen die Speisen perfekt.

Hoffentlich sagt er bald was!
Hoffentlich sag ich bald was!
P. GAY

Möhren-Melonen-Drink mit Zimt

öffnet den Geist für das Liebesspiel

Für 2 Personen

500 g Möhren
$^1/_2$ Honigmelone
1 TL Zimtpulver
1 TL Weizenkeimöl
200 g Buttermilch

Die Möhren putzen, waschen und im Entsafter entsaften. Die Melonenhälfte nochmals halbieren, die Kerne entfernen, das Fruchtfleisch von der Schale lösen und in grobe Stücke schneiden.

Das Melonenfruchtfleisch mit dem Möhrensaft, $^1/_2$ TL Zimt, dem Öl und der Buttermilch sehr fein pürieren. Den Saft in zwei große Gläser füllen und mit dem restlichen Zimt bestreut und nach Belieben mit einem Melonenherz dekoriert servieren.

Zubereitungszeit: etwa 15 Minuten

Selleriesaft mit Basilikum

bringt Männer auf Trab

Für 2 Personen

$^1/_2$ Sellerieknolle
4 Stangen Staudensellerie
10 Blätter Basilikum
$^1/_2$ Chilischote
$^1/_4$ l Milch

Die halbe Sellerieknolle schälen und waschen, den Staudensellerie putzen, waschen und beides im Entsafter auspressen.

Die Basilikumblätter waschen, trockentupfen und 2 Blätter für die Dekoration beiseite legen. Die halbe Chilischote aufschlitzen, entkernen, waschen und kleinschneiden.

Den Selleriesaft mit dem übrigen Basilikum und den Chiliwürfeln fein pürieren, in zwei Gläser füllen und mit der Milch aufgießen.

Jedes Glas mit einem Basilikumblatt dekorieren.

Zubereitungszeit: etwa 15 Minuten

Sie verlieben sich grade in MANFRED
Nee

Schokoshake mit Minze

für reichlich Glückshormone

Von der Milch 100 ml abnehmen und mit der Schokoladensauce und dem Zimt gut verrühren. Die Mischung dann unter die übrige Milch rühren.

Die Minzeblättchen waschen, trockentupfen, 4 Blättchen kleinschneiden und in der Schokomilch pürieren.

Die Schokoladenraspel auf einem flachen Teller ausbreiten. Zwei hohe Gläser an den Rändern mit Wasser befeuchten und in die Schokolade tauchen. Vorsichtig die Schokomilch einfüllen, den Shake mit den übrigen Schokoladenraspeln bestreuen und mit je 1 Minzeblättchen garnieren.

Zubereitungszeit: etwa 10 Minuten

Für 2 Personen

- 1/2 l Milch
- 4 EL Schokoladensauce (Fertigprodukt)
- 1 TL Zimtpulver
- 6 Blättchen frische Minze
- 2 EL Schokoladenraspel

Pfirsichmix mit Papaya

belebend durch exotisches Aroma

Die Pfirsiche kurz mit kochendem Wasser überbrühen, häuten, halbieren und die Steine entfernen. Die Papayahälfte schälen und die Kerne mit einem Löffel herauskratzen.

Pfirsiche und Papaya grob zerkleinern und zusammen mit dem Zucker fein pürieren. Das Püree mit dem Orangensaft vermischen und in zwei Gläser füllen. Nach Belieben mit Prosecco auffüllen. Die Mandelblättchen in einer beschichteten Pfanne ohne Fett goldgelb rösten und darüber streuen.

Zubereitungszeit: etwa 10 Minuten

Für 2 Personen

- 2 Pfirsiche
- 1/2 Papaya
- 1 EL brauner Zucker
- 1/4 l Blutorangensaft (fertig gekauft oder frisch gepresst)
- 100 ml Prosecco nach Belieben
- 2 EL Mandelblättchen

Vanillekakao mit frischen Feigen

macht munter und sinnlich

1 Feige vorsichtig waschen und aus der Mitte 2 Scheiben für die Dekoration herausschneiden. Vom Rest der Feige sowie der zweiten Feige die Haut abziehen.

Die Vanilleschote längs aufschlitzen und das Mark herauskratzen, mit dem Feigenfruchtfleisch, dem Piment und 5 EL Milch sehr fein pürieren. Das Kakaopulver und den Zucker unterrühren.

Die restliche Milch erhitzen und die Kakao-Feigen-Mischung mit einem Schneebesen einrühren.

Den Kakao in zwei grosse Gläser füllen, diese mit je 1 Feigenscheibe dekorieren und das Getränk heiß genießen.

Zubereitungszeit: etwa 10 Minuten

Für 2 Personen

2 frische dunkle Feigen
1 Vanilleschote
1/2 TL gemahlener Piment
1/2 l Milch
1 EL Kakaopulver
2 EL brauner Zucker

Kakao. Er betört nicht nur durch sein Aroma. Die Bohnen und das Pulver enthalten unter anderem auch Theobromin, das die Durchblutung fördert, Spuren von Koffein, das belebend wirkt sowie das aphrodisierend wirkende Phenylethylamin. Mit seiner leicht berauschenden Wirkung verführt Kakao vor allem auf der Gefühlsebene.

Kokos-Espresso mit Kardamom

regt an und stärkt

Die Kokosmilch mit dem Mandelmus und 2 EL braunem Zucker glatt pürieren. Den Kardamom einrühren und die Mischung etwas ziehen lassen.

Den restlichen Zucker auf einem kleinen Teller verteilen, die Ränder von zwei hohen Gläsern mit Wasser befeuchten und in den Zucker tauchen.

Den Espresso zur Kokosmilch geben, gut umrühren und vorsichtig in die Gläser füllen.

Zubereitungszeit: etwa 20 Minuten

Für 2 Personen

300 ml Kokosmilch
2 EL Mandelmus
3 EL brauner Zucker
1/2 TL gemahlener Kardamom
200 ml eiskalter Espresso

Waldbeerenmix mit Honig und Ingwer

heizt sanft ein

Die frischen Beeren waschen, verlesen und abtropfen lassen (tiefgekühlte Beeren nach Vorschrift auftauen lassen). Den Ingwer schälen.

Beeren, Honig und Mineralwasser in einen Rührbecher geben. Den Ingwer durch die Knoblauchpresse dazudrücken.

Alles fein pürieren und in zwei große Gläser füllen. Das Mixgetränk nach Belieben mit Sekt auffüllen.

Zubereitungszeit: etwa 10 Minuten

Für 2 Personen

300 g gemischte frische Beeren (z. B. Himbeeren, Brombeeren und Heidelbeeren; ersatzweise TK-Beeren)

1 Stück Ingwerwurzel (etwa daumennagelgroß)

2 EL Waldhonig

$^{1}/_{4}$ l kaltes Mineralwasser

200 ml Sekt nach Belieben

Mandel-Vanille-Milch mit Heidelbeeren

mildaromatischer Verführer

Die Mandeln in einer beschichteten Pfanne ohne Fett goldgelb rösten. Die Vanilleschote längs aufschlitzen und das Mark herauskratzen.

Mandeln und Vanillemark in der Hälfte der Milch pürieren. Die Heidelbeeren dazugeben und alles fein pürieren.

Die restliche Milch unterrühren und das Ganze mit braunem Zucker abschmecken.

Zubereitungszeit: etwa 10 Minuten

Für 2 Personen

2 EL gemahlene Mandeln

1 Vanilleschote

400 ml Milch

200 g frische Heidelbeeren (ersatzweise TK-Beeren)

brauner Zucker nach Geschmack

Vanille. Sie ist besonders im **Orient** als Aphrodisiakum beliebt. Sie **erotisiert**, verstärkt die Empfindungen und macht empfänglich für die Liebe. Auch Parfum, das **Vanillearoma** enthält, macht besonders **sexy**.

Kleine Leckereien, die Lust machen

Petersilie und Spargel **stärken** die männliche Potenz, Knoblauch und Pinienkerne wirken auf beide Geschlechter **aphrodisierend** … Und gönnen Sie sich mit Trüffeln, Kaviar oder Hummer ruhig auch ein bisschen Luxus, das wird die **zweisamen Stunden** vergolden.

Ich bin der geheimnisvolle Fremde, der dich entführen will in die Welt der Abenteuer, der Lüste, der Leidenschaften und der ganz großen Gefühle!
Erstmal Schuhe abputzen!

... und das hier ist mein Schlafzimmer. Das muss hinterher wieder genauso ordentlich aussehen!
P. GAY

Tomaten mit Petersilienpesto

stärken die Manneskraft

Tomaten waschen und von jeder einen Deckel abschneiden. Fruchtfleisch und Kerne herauskratzen, die Tomaten umgedreht abtropfen lassen.

Die Petersilie waschen, trockentupfen, grob hacken. Den Knoblauch schälen und würfeln. Die halbe Peperoni aufschlitzen, entkernen, waschen und kleinhacken. Petersilie, Knoblauch und Peperoni mit den Kapern und dem Parmesan, etwas zum Dekorieren zurückbehalten, pürieren. Nach und nach das Öl in einem feinen Strahl einrühren.

Den Mascarpone untermengen und den Petersilienpesto in die ausgehöhlten Tomaten füllen. Mit dem restlichen Parmesan dekoriert servieren.

Zubereitungszeit: etwa 15 Minuten

Für 2 Personen

8–10 Rispentomaten
3 Hand voll Petersilienblättchen
2 Knoblauchzehen
1/2 Peperoni
1 EL Kapern
3 EL geriebener Parmesan
65 ml Olivenöl
2 EL Mascarpone

Austernpilze mit Knoblauch

bringen das Blut in Wallung

Den Backofen auf 200° vorheizen. Die Austernpilze putzen, größere Exemplare eventuell halbieren. Eine flache feuerfeste Form mit 1/2 TL von der Butter fetten und die Austernpilze hineinschichten.

Die restliche Butter in einer kleinen Pfanne erhitzen. Den Knoblauch schälen und in das heiße Fett pressen. Die Petersilie dazugeben und beides bei schwacher Hitze kurz andünsten, dann den Zitronensaft dazugeben und die Mischung mit Salz und Pfeffer würzen.

Die Mischung auf den Pilzen verteilen und das Gericht im heißen Ofen (Mitte) etwa 10 Minuten backen. Auf zwei Teller verteilen und je 1 EL Crème fraîche darauf geben. Mit Toastbrot und trockenem Weißwein servieren.

Zubereitungszeit: etwa 20 Minuten

Für 2 Personen

400 g Austernpilze
50 g Butter
2 Knoblauchzehen
2 EL fein gehackte Petersilie
2 EL Zitronensaft
Salz
weißer Pfeffer
2 EL Crème fraîche

Carpaccio von Steinpilzen

Trüffeln. Man sagt, ihr Aroma könne die **Manneskraft stärken**. Bewiesen ist das nicht. Unbestritten ist jedoch die **psychologische Wirkung**, die Trüffeln auf den ausüben, der sie mag, weil sie **selten** und teuer sind. Und zweifellos **betört** ihr starkes Aroma die Sinne.

Aroma, das wild macht

FÜR 2 PERSONEN

3 EL feinstes Olivenöl
1/2 TL Trüffelöl
150 g frische Steinpilze
Salz
weißer Pfeffer
2 EL Zitronensaft
1 Prise gemahlener Koriander
2 EL fein gehackte Petersilie

DAS OLIVEN- UND DAS TRÜFFELÖL gut miteinander vermischen und zwei flache Teller damit einpinseln.

DIE STEINPILZE PUTZEN und mit einem scharfen Messer längs in hauchdünne Scheiben schneiden. Die Pilzscheiben auf den Tellern ausbreiten, mit Salz und Pfeffer würzen und mit Zitronensaft beträufeln.

DEN KORIANDER darüber streuen und das Carpaccio zugedeckt mindestens 15 Minuten bei Zimmertemperatur ziehen lassen. Das Carpaccio vor dem Servieren mit Petersilie bestreuen und Baguette oder herzhaftes Roggenbrot dazu reichen.

ZUBEREITUNGSZEIT: etwa 25 Minuten

Selleriesalat mit Birne

leicht und anregend

Für 2 Personen

2 EL gehackte Pinienkerne
1 kleine Sellerieknolle
2 EL Distelöl
1 Birne
2 EL Zitronensaft
2 EL Preiselbeerkonfitüre
2 EL geriebener Meerrettich (aus dem Glas)
50 g Sahne
Pfeffer aus der Mühle

Die Pinienkerne in einer beschichteten Pfanne ohne Fett goldgelb rösten. Den Sellerie schälen, waschen und in dünne Scheiben schneiden. Zwei Teller mit je 1 EL Öl bepinseln und die Selleriescheiben darauf legen.

Die Birne schälen, vierteln und das Kerngehäuse entfernen. Birnenviertel längs in dünne Spalten schneiden, auf die Selleriescheiben geben und mit Zitronensaft beträufeln.

Preiselbeerkonfitüre, Meerrettich und Sahne vermischen und auf dem Salat verteilen. Mit den Pinienkernen und grob geschrotetem Pfeffer aus der Mühle bestreut servieren.

Zubereitungszeit: etwa 20 Minuten

Avocadosalat mit Pinienkernen

mit viel Vitamin E für schöne Haut

Für 2 Personen

2 EL Rosinen
1 Limette
1 reife Avocado
1/2 Peperoni
2 Anchovisfilets
1 EL Aceto balsamico
Salz
Pfeffer
3 EL Mohnöl
2 EL Pinienkerne

Die Rosinen in lauwarmem Wasser einweichen. In der Zwischenzeit die Limette auspressen, die Avocado halbieren, den Kern entfernen und das Fruchtfleisch vorsichtig aus der Schale lösen. In Streifen schneiden und mit Limettensaft beträufeln.

Die Peperoni entkernen und waschen. Ebenso wie die Anchovisfilets in feine Würfel schneiden, mit den Avocadostreifen mischen.

Den Essig mit etwas Salz und Pfeffer verrühren und das Öl nach und nach unterschlagen. Die Marinade über den Salat gießen und unterheben.

Pinienkerne in einer Pfanne ohne Fett goldgelb rösten und vor dem Servieren mit den abgetropften Rosinen über den Salat streuen.

Zubereitungszeit: etwa 20 Minuten

Spargelmousse mit Tomatenconcassé

gut für die Potenz

Den Spargel waschen, im unteren Drittel schälen und die holzigen Enden abschneiden. Reichlich Salzwasser mit Butter und Zucker zum Kochen bringen und den Spargel darin je nach Dicke 10–15 Minuten sanft kochen. Inzwischen die Gelatine in kaltem Wasser einweichen.

Den Spargel aus dem Wasser nehmen und gut abtropfen lassen. Die Köpfchen für die Dekoration abschneiden und beiseite legen. Den restlichen Spargel in Stücke schneiden, pürieren, das Mus durch ein feines Sieb streichen und mit Zitronenpfeffer und Salz abschmecken.

Das Eiweißmit etwas Salz zu steifem Schnee schlagen. Die Gelatine ausdrücken, bei milder Hitze auflösen und unter das Spargelpüree rühren. Über einem kalten Wasserbad so lange rühren, bis die Masse leicht stockt. Dann die Crème double und den Eischnee unterheben.

Die Spargelmasse in zwei Gratinförmchen füllen und mindestens 6 Stunden zugedeckt im Kühlschrank fest werden lassen.

Für die Sauce die Tomaten kurz mit kochendem Wasser überbrühen, häuten, Stielansätze und Kerne entfernen und das Fruchtfleisch würfeln. In einem Topf das Olivenöl erhitzen und die Tomatenstücke darin kurz andünsten, mit dem Essig ablöschen und das Basilikum unterrühren. Die Sauce lauwarm abkühlen lassen.

Die Spargelmousse aus den Förmchen stürzen, auf zwei Tellern anrichten, mit der lauwarmen Tomatensauce umgießen und mit den Spargelköpfchen dekoriert servieren. Dazu getoastete Weißbrotscheiben oder Grissini reichen.

Zubereitungszeit: etwa 35 Minuten

Kühlzeit: mindestens 6 Stunden

Für 2 Personen

Für die Spargelmousse:

300 g dünne grüne Spargelstangen
Salz
1 TL Butter
1 Prise Zucker
2 Blatt weiße Gelatine
Zitronenpfeffer
1 Eiweiß
2 EL Crème double

Für die Tomatenconcassé:

250 g Strauchtomaten
1 EL Olivenöl
2 EL weißer Aceto balsamico
1 EL gehacktes Basilikum

Spargel. Das in ihm enthaltene **Vitamin E und Zink** wirken positiv auf die **männliche Potenz**.

Räucherforelle mit Orangen auf Radicchio

mit Pinienkernen, die Sinnlichkeit wecken

Die Pinienkerne grob hacken und in einer beschichteten Pfanne ohne Fett goldgelb rösten. Die Schalotte schälen und in winzige Würfel schneiden.

Die Orange so schälen, dass die weiße Haut vollkommen entfernt wird. Die Filets aus den Trennhäutchen schneiden. Den Saft auffangen.

Den Orangensaft mit Essig, Ahornsirup, etwas Salz und Pfeffer verquirlen und nach und nach das Olivenöl mit einem Schneebesen unterschlagen. Schalottenwürfel und Crème fraîche unterrühren.

Die Forellenfilets schräg in etwa 2 cm breite Streifen schneiden. Vom Radicchio die Blätter abösen, waschen, zerpflücken und gut abtropfen lassen.

Den Salat auf zwei Tellern anrichten, Orangenfilets und Forellenstücke darauf verteilen, die Sauce darüber träufeln und das Gericht mit Pinienkernen bestreut servieren.

Zubereitungszeit: etwa 25 Minuten

Für 2 Personen

2 EL Pinienkerne
1 Schalotte
1 Orange
2 EL Weißweinessig
1 EL Ahornsirup
Salz
Pfeffer
2 EL Olivenöl
1 EL Crème fraîche
2 geräucherte Forellenfilets (125 g)
1 kleiner Kopf Radicchio (etwa 125 g)

Kaviaromelett

macht erotisch

Die Paprikaschote putzen, waschen, entkernen und in kleine Würfel schneiden. Die Eier aufschlagen und verquirlen. Semmelbrösel, Petersilie, Zitronenschale und Paprikawürfel einrühren. Mit Salz und Pfeffer würzen.

Die Butter in einer beschichteten Pfanne erhitzen, die Eiermasse hineingeben und backen, bis sie an der Oberfläche gestockt, aber noch weich und auf der Unterseite goldbraun ist.

Den Kaviar auf einer Hälfte des Omeletts verteilen, dieses zusammenklappen und halbieren. Mit Schnittlauch bestreut servieren.

Zubereitungszeit: etwa 20 Minuten

Für 2 Personen

1 kleine rote Paprikaschote
4 Eier, 1 EL Semmelbrösel
1 EL fein gehackte Petersilie
1/2 TL abgeriebene Schale von 1 unbehandelten Zitrone
Salz, Pfeffer
2 EL Butter
50 g Kaviar
1 EL Schnittlauchröllchen

Weißt du, ich find ihn ja spitze. Aber ich habe keinen Bock mehr auf irgendwelche halben Sachen. Diesmal will ich eine volle Breitseite Liebe. Der Kerl muss zu mir stehen, und zwar volle Kanne! Drunter läuft einfach nix!!
Sag's ihm – nicht mir!
Ich würde mir wünschen, dass wir glücklich werden
P. GAY

Hummersalat mit Spargel

aromatisch, leicht und erfrischend

Den Spargel waschen, im unteren Drittel schälen und die holzigen Enden abschneiden. Reichlich Wasser mit je einer Prise Salz und Zucker zum Kochen bringen und den Spargel darin in 10–15 Minuten bissfest garen.

In der Zwischenzeit die Grapefruit so schälen, dass die weiße Haut vollkommen entfernt wird. Mit einem scharfen Messer die Filets aus den Trennhäutchen lösen und kleinschneiden. Den Saft dabei auffangen.

Die Champignons putzen, in feine Scheiben schneiden, mit den Grapefruitstücken vermischen und auf zwei Tellern anrichten.

Den Spargel aus dem Wasser nehmen und gut abtropfen lassen. Die Köpfchen für die Dekoration abschneiden und beiseite legen. Die Stangen quer in etwa 1 cm lange Stücke schneiden und auf den Tellern verteilen. Das Hummerfleisch gut abtropfen lassen, in Scheiben schneiden und über dem Spargel verteilen.

Die Tomaten kurz mit kochendem Wasser überbrühen, häuten und die Stielansätze entfernen. Das Fruchtfleisch mit Grapefruit- und Zitronensaft, den Basilikumblättern, Salz, Pfeffer und etwas Tabasco pürieren und die Sauce über die auf den Tellern angerichteten Zutaten gießen.

Das Gericht mit den Spargelköpfchen garniert lauwarm servieren.

Zubereitungszeit: etwa 30 Minuten

Für 2 Personen

Für den Salat:

400 g grüner Spargel
Salz
Zucker
1 rosa Grapefruit
100 g braune Champignons
1 Dose Hummerfleisch (110 g Abtropfgewicht)

Für die Sauce:

2 Tomaten
3 EL Zitronensaft
6 Blätter Basilikum
Salz
Pfeffer
1–2 Spritzer Tabasco

Seeteufelbäckchen auf Tomatensauce

Fisch. Er kommt wie **Aphrodite**, die Göttin der Liebe, aus dem Meer. Mit seinem hochwertigen Eiweiß, dem reichlich enthaltenen **Vitamin A, Jod und Omega-3-Fettsäuren** ist er allgemein gesund und bekömmlich – ideal als leichte Mahlzeit vor dem **Liebesspiel**.

mit viel Eiweiß für den Liebeshunger

Für 2 Personen

- 12 Seeteufelbäckchen (etwa 300 g)
- Saft von $^1/_2$ Zitrone
- 2 Tomaten
- 1 kleine rote Zwiebel
- 2 EL Butter
- 1 Knoblauchzehe
- Salz
- Pfeffer
- 1 Prise Zucker
- 1 EL Sojasauce
- 1 EL Olivenöl
- grobes Meersalz
- 1 EL fein gehackte Petersilie

Die Seeteufelbäckchen trockentupfen, mit Zitronensaft beträufeln und zugedeckt ziehen lassen.

Die Tomaten kurz mit kochendem Wasser überbrühen, häuten, die Stielansätze entfernen und das Fruchtfleisch in kleine Würfel schneiden. Die Zwiebel schälen und fein würfeln.

Die Butter in einem beschichteten Topf erhitzen und die Zwiebelwürfel etwa 5 Minuten glasig dünsten. Den Knoblauch schälen, dazupressen und kurz mitdünsten. Die Tomatenwürfel unterrühren, das Ganze mit Salz, Pfeffer, Zucker und Sojasauce würzen und einkochen lassen, bis das Fruchtfleisch musig ist. Das Tomatenmus durch ein Sieb streichen und warm halten.

Das Olivenöl in einer beschichteten Pfanne erhitzen, den Fisch trockentupfen und bei mittlerer Hitze von beiden Seiten goldgelb braten. Mit Meersalz bestreuen.

Die Tomatensauce als Spiegel auf zwei flache Teller gießen, die Seeteufelbäckchen mit Zahnstochern aufspießen und darauf legen. Mit der Petersilie bestreut lauwarm servieren.

Zubereitungszeit: etwa 25 Minuten

Vorher genießen: Liebesmahl

Hier gehts mit ganz **wenig Arbeit** vorweg gleich ins doppelte Vergnügen: erst kulinarisch, dann erotisch. Ein **Liebesvorspiel**, das durch den Magen geht, ganz ohne oder aber mit nur ein wenig exquisitem Fleisch, am liebsten aber mit feinem Fisch und Meeresfrüchten.

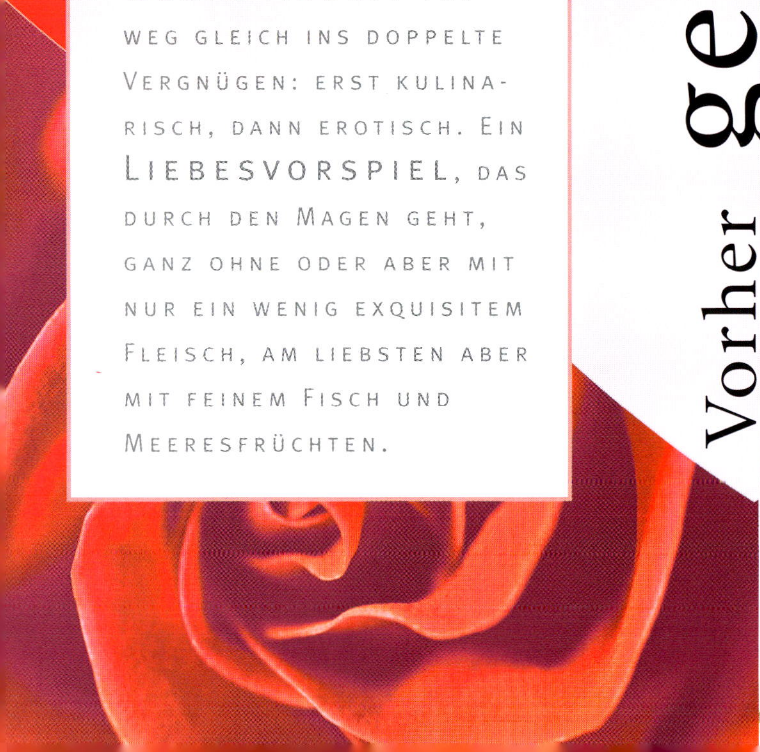

Bin ich dein erster Mann?
Du bist der erste, der Peter heißt!
P. GAY

Gibt's heut nix Warmes?

Champagner-Risotto mit Spargel

bringt in erotische Stimmung

Für 2 Personen

- 1 Schalotte
- 200 g grüner Spargel
- 400 ml Kalbsfond
- 1/8 l Champagner
- 150 g Risottoreis (z. B. Vialone)
- 1 EL feinstes Olivenöl
- 1 EL Butter
- 2 EL geriebener Parmesan
- 2 Tropfen Trüffelöl
- Salz
- Pfeffer

Die Schalotte schälen und fein würfeln. Den Spargel waschen, im unteren Drittel schälen, die holzigen Enden abschneiden und die Stangen schräg in etwa 2 cm lange Stücke schneiden. In einem kleinen Topf Fond und 100 ml Champagner erhitzen.

Den Reis in einem Sieb waschen und gut abtropfen lassen. Das Olivenöl in einem breiten beschichteten Topf erhitzen und die Schalottenwürfel darin glasig dünsten.

Den Reis zu den Schalottenwürfeln geben. Rühren, bis auch er glasig ist. Mit einer Schöpfkelle etwas heißen Fond angießen und rühren, bis alle Flüssigkeit vom Reis aufgenommen ist. Immer wieder schöpfkellenweise Flüssigkeit angießen und rühren, bis der Reis sie vollständig aufgenommen hat.

Wenn etwa die Hälfte des Fonds verbraucht ist, die Spargelstücke in den Reis geben, schöpfkellenweise den Rest des Fonds zugießen und weiterrühren, bis alle Flüssigkeit verbraucht und der Risottoreis gar, aber noch bissfest ist.

Butter, Parmesan und Trüffelöl untermischen und den Risotto mit Salz und Pfeffer abschmecken. Zum Schluss noch den restlichen Champagner unterrühren und den Risotto auf zwei vorgewärmten Tellern anrichten.

Zubereitungszeit: etwa 45 Minuten

Sellerienudeln mit Mascarpone

kräftigen und beleben

Die Nudeln in reichlich Salzwasser bissfest kochen. In der Zwischenzeit die halbe Sellerieknolle schälen, waschen und in feine Stifte schneiden. Den Staudensellerie putzen, waschen, dünn abschälen und die Stangen in feine Scheiben schneiden.

Das Öl in einer beschichteten Pfanne erhitzen und darin zuerst die Selleriestifte etwa 3 Minuten unter Rühren anbraten, dann die Staudenselleriescheiben zugeben und alles weitere 3 Minuten braten. Den Mascarpone unterrühren und das Gemüse mit Salz, Pfeffer und Anissamen würzen.

Die Nudeln abgießen, abtropfen lassen und unter das Gemüse mischen. Auf zwei Teller verteilen und mit Walnüssen und Petersilie bestreut servieren.

Zubereitungszeit: etwa 25 Minuten

Für 2 Personen

- 180 g breite Bandnudeln
- Salz
- 1/2 Sellerieknolle
- 4 Stangen Staudensellerie
- 3 EL Haselnussöl
- 125 g Mascarpone
- Pfeffer
- 1/2 TL Anissamen
- 2 EL gehackte Walnüsse
- 2 EL gehackte Petersilie

Gnocchi mit Petersilie und Salbei

machen Männer erotisch

Die Gnocchi nach Packungsanleitung kochen. Inzwischen die Petersilie waschen, trockentupfen und fein hacken. Die Peperoni entkernen, waschen und in kleine Würfel schneiden. Die Salbeiblätter in feine Streifen schneiden.

In einer beschichteten Pfanne mit hohem Rand 3 EL Öl erhitzen. Die Petersilie und die Peperoniwürfel darin kurz anbraten. Den Knoblauch schälen und dazupressen.

Die Gnocchi in ein Sieb abgießen, kurz abtropfen lassen und mit der Petersiliensauce verrühren. Das Gericht mit Salz und Pfeffer abschmecken und warm halten.

Das restliche Öl erhitzen und die Salbeistreifen darin knusprig braten. Die Gnocchi auf zwei Teller verteilen, mit Parmesan und Salbeistreifen bestreuen.

Zubereitungszeit: etwa 20 Minuten

Für 2 Personen

- 500 g Gnocchi (aus dem Kühlregal)
- Salz
- 2 große Bund Petersilie (entspricht 6 EL gehackter Petersilie)
- 1/2 Peperoni
- 10 Blätter frischer Salbei
- 4 EL Olivenöl
- 3 Knoblauchzehen
- Pfeffer
- 3 EL geriebener Parmesan

Kokosmilch. Sie wirkt auf den Sexualtrieb und stärkt die männlichen Sexualorgane.

Putenschnitzel mit Kokos-Pilz-Sauce

lässt Männer zärtlicher werden

Die Kokosraspel in einer beschichteten Pfanne ohne Fett unter Rühren goldgelb rösten und beiseite stellen.

Den Ingwer und den Knoblauch schälen und fein hacken. Die Chilischote aufschlitzen, entkernen, waschen und in kleine Würfel schneiden.

Die Putenschnitzel kalt abspülen, trockentupfen, salzen und pfeffern. In einer Pfanne das Öl erhitzen und das Fleisch darin von beiden Seiten kräftig anbraten. Bei geringer Hitze in etwa 5 Minuten fertig braten.

Die Shiitake-Pilze putzen und grob hacken. Die Paprikaschote putzen, waschen, entkernen und in etwa 1 cm große Würfel schneiden.

Die Putenschnitzel aus der Pfanne nehmen und zum Warmhalten in Alufolie wickeln. Ingwer und Knoblauch im Bratfett in etwa 3 Minuten glasig dünsten, Chili, Pilze und Paprikawürfel dazugeben und alles nochmals 3 Minuten dünsten. Das Currypulver unterrühren und kurz mitbraten. Das Gemüse mit der Kokosmilch ablöschen, alles noch etwa 5 Minuten köcheln lassen, dann mit Salz und Pfeffer abschmecken.

Die Sauce auf zwei Tellern anrichten, die Schnitzel darauf legen und mit den gerösteten Kokosraspeln bestreut servieren. Dazu passt Basmatireis oder Baguette.

Zubereitungszeit: etwa 35 Minuten

Für 2 Personen

- 2 EL Kokosraspel
- 1 Stück Ingwerwurzel (etwa haselnussgroß)
- 2 Knoblauchzehen
- 1 rote Chilischote (wer es sehr scharf mag, nimmt 2 Schoten)
- 200 g Shiitake-Pilze
- 1 rote Paprikaschote
- 2 Putenschnitzel (je etwa 150 g)
- Salz
- Pfeffer
- 2 EL Weizenkeimöl
- 2 EL Currypulver
- 1 Dose Kokosmilch (400 ml)

Lachsforelle mit Orange und Cranberrys

beflügelt die Liebe

Für 2 Personen

1 unbehandelte Orange
2 Lachsforellenfilets (je etwa 200 g)
Fett für die Form
Salz
Pfeffer
1 EL feinstes Olivenöl
100 g Cranberrys (frisch vom Markt oder TK-Beeren)
100 g Sahne
1 EL geriebener Meerrettich (aus dem Glas)
1 TL Zitronensaft

Den Backofen auf 200° vorheizen. Die Orange heiß waschen, trocknen und halbieren. Eine Hälfte mit der Schale in hauchdünne Scheiben schneiden, die andere Hälfte auspressen.

Die Forellenfilets trockentupfen, in eine gefettete feuerfeste Form geben, salzen, mit den Orangenscheiben belegen und mit Pfeffer bestreuen.

Den Orangensaft mit dem Öl verquirlen und darüber gießen. Die Cranberrys waschen, gut abtropfen lassen und darauf verteilen.

Das Gericht im heissen Ofen (Mitte) etwa 20 Minuten backen, bis die Beeren aufgeplatzt sind.

In der Zwischenzeit die Sahne steif schlagen, mit dem Meerrettich vermischen und mit Zitronensaft abschmecken.

Das Gericht auf zwei vorgewärmte Teller verteilen und die Sauce getrennt dazu reichen. Dazu passt Baguette oder eine Wildreismischung.

Zubereitungszeit: etwa 30 Minuten

Kommt Orgasmuß von müssen?
ANDI
kriegt Euch ALLE!
WIE BITTE?
Heidrun liebt TAROT
Heiraten ist cool!
NIE ohne Kondom
Jenau!
SASKI
liebt einen Tukan!
Annette liebt Danja!
Hi Hi!
Alex
LOVE
P. GAY

Seeteufel mit Basilikumsauce

Aroma, das beruhigt und entspannt

Die Schalotte schälen und würfeln. In einer großen Pfanne (in der alle Fischstücke nebeneinander Platz haben) Weißwein und Fischfond mit Salz, Pfeffer, Schalottenwürfeln und 1 EL Basilikum zum Kochen bringen.

Die Seeteufelscheiben in den Sud legen und bei kleiner Hitze zugedeckt etwa 7 Minuten pochieren. Den Fisch dann herausnehmen und zugedeckt warm stellen.

Den Fischsud 5–7 Minuten offen einkochen lassen, bis nur noch etwa die Hälfte der Flüssigkeit übrig ist.

In der Zwischenzeit die Tomaten kurz mit kochendem Wasser überbrühen, häuten, Stielansätze und Kerne entfernen und das Fruchtfleisch in kleine Würfel schneiden. Die Tomatenwürfel in einem kleinen Topf mit dem Olivenöl ein Mal aufkochen lassen. Mit Salz und Pfeffer abschmecken.

Die Butter in kleine Stückchen schneiden. Den Fischsud durch ein Sieb in einen sauberen Topf gießen und nach und nach die eiskalten Butterstückchen mit dem Schneebesen unterschlagen, so dass eine sämige Sauce entsteht. Diese mit Salz und Pfeffer abschmecken und das restliche Basilikum dazugeben.

Den Seeteufel auf zwei vorgewärmten Tellern anrichten und mit der Sauce begießen. Die warmen Tomaten daneben anrichten. Dazu passt gut Baguette oder Ciabatta.

Zubereitungszeit: etwa 35 Minuten

Für 2 Personen

1 Schalotte
$^1/_8$ l trockener Riesling
100 ml Fischfond
Salz
weißer Pfeffer, grob gestoßen
3 EL gehacktes Basilikum
2 Scheiben Seeteufel (je etwa 200 g)
2 große Fleischtomaten
1 EL feinstes Olivenöl
30 g eiskalte Butter

... und so wurde es ein wunderschöner Abend und eine wunderschöne Nacht – und als ich heute morgen aufwachte, war er verschwunden.
Dann war's auch ein wunderschöner Morgen!
Tageskarte
T. GAY

Safran. Das Luxusgewürz stärkt den **Geschlechtstrieb**, vor allem bei jungen Männern. Safran war schon in der **Antike** als **Halluzinogen** beliebt.

Red Snapper in Safransauce mit Liebstöckel

stärkt den Geschlechtstrieb

Den Fisch trockentupfen, mit Zitronensaft beträufeln und zugedeckt etwa 10 Minuten ziehen lassen.

Die Schalotten schälen und fein würfeln. Die Safranfäden in 2 EL heißem Wasser einweichen.

Die Butter in einer großen Pfanne (die Fischfilets sollten nebeneinander hineinpassen) erhitzen. Die Fischfilets trockentupfen, mit Salz und Pfeffer würzen und bei geringer Hitze in der heißen Butter auf beiden Seiten goldgelb braten. Herausnehmen und warm stellen.

Die Schalottenwürfel in das Bratfett geben und darin glasig dünsten. Die Safranfäden mit dem Einweichwasser dazugeben und den Reiswein angießen. Fischfond und Liebstöckel dazugeben und das Ganze offen in etwa 5 Minuten auf die Hälfte der Flüssigkeit einkochen lassen.

Inzwischen die Sahne steif schlagen, mit der Crème double unter die reduzierte Flüssigkeit in der Pfanne rühren. Die Sauce bei geringer Hitze sämig werden lassen.

Den Red Snapper auf zwei vorgewärmten Tellern anrichten und mit der Sauce übergießen. Dazu passen Reis oder Pellkartoffeln.

Zubereitungszeit: etwa 30 Minuten

Für 2 Personen

300 g Filet vom Red Snapper (ersatzweise Rotbarschfilet)
1 EL Zitronensaft
2 Schalotten
1 Briefchen/Döschen Safranfäden
30 g Butter
Salz
Pfeffer
4 EL Reiswein (Asienladen)
200 ml Fischfond
1 EL gehacktes Liebstöckel
100 g Sahne
1 EL Crème double

Steinbeißer mit Currygemüse

macht stark und sinnlich

Die Fischfilets trockentupfen, halbieren, mit Zitronensaft beträufeln und zugedeckt ziehen lassen. Frühlingszwiebeln und Möhre putzen und waschen, Zwiebeln in feine Ringe, Möhre in Juliennestreifen schneiden.

Das Butterschmalz in einer beschichteten Pfanne erhitzen. Den Fisch salzen und pfeffern, auf beiden Seiten goldgelb braten und warm stellen.

Frühlingszwiebeln und Möhrenstreifen in die Pfanne geben und in etwa 5 Minuten bissfest braten. Das Currypulver unterrühren und kurz mitbraten. Das Gemüse mit Weißwein ablöschen und mit Kardamom würzen. Kurz etwas einkochen lassen, dann die Crème fraîche unterziehen.

Die Kresse abschneiden und in die Sauce rühren. Die Steinbeißerfilets dazugeben und kurz in der Gemüsesauce ziehen lassen.

Zubereitungszeit: etwa 35 Minuten

Für 2 Personen

2 Steinbeißerfilets (je etwa 150 g)
Saft von 1/2 Zitrone
1 Bund Frühlingszwiebeln
1 Möhre
2 EL Butterschmalz
Salz, Pfeffer
1 EL Madras-Currypulver
1/8 l trockener Weißwein
1 Msp. gemahlener Kardamom
2 EL Crème fraîche
1 Kästchen Kresse

Hummerragout mit rotem Reis

verspricht eine lange Nacht

Den Reis in einem Sieb waschen, abtropfen lassen und in 200 ml Salzwasser zusammen mit dem Rosmarinzweig weich dünsten.

Den Hummer auslösen und in Scheiben schneiden. Schalotten und Knoblauch schälen und fein würfeln. Pilze putzen und vierteln. Die Tomaten kurz überbrühen, häuten und das Fruchtfleisch würfeln.

Zwiebeln und Knoblauch in einer Pfanne im Öl glasig dünsten. Die Pilze 5 Minuten mitdünsten. Tomaten und Sherry dazugeben und alles noch 5 Minuten schmoren. Die Hummerstücke in der Sauce erwärmen.

Den Camargue-Reis auf zwei Tellern anrichten, das Hummerragout in die Mitte geben und mit Petersilie bestreut servieren.

Zubereitungszeit: etwa 45 Minuten

Für 2 Personen

100 g roter Camargue-Reis
Salz, 1 Zweig Rosmarin
1 gekochter Hummer
2 Schalotten
1 Knoblauchzehe
100 g Shiitake-Pilze
2 Fleischtomaten
3 EL feinstes Olivenöl
2 EL trockener Sherry
2 EL gehackte Petersilie

Ich kann kochen, backen, putzen, bügeln...
BAR
Mode
... und ich möchte es dir beibringen!
BAR
Mode
P. GAY

Mango. Die in der Frucht reichlich enthaltenen **Spurenelemente Zink und Mangan** bringen die Sexualdrüsen in **Schwung**.

Garnelenspieße mit Mangosauce

Schärfe, die einheizt

Die Holzspiesse in kaltem Wasser einweichen.

Orange(n) und Limette auspressen. Knoblauch, Schalotte und Ingwer schälen und fein hacken. In einem kleinen Topf den Zitrussaft mit dem Olivenöl, Knoblauch, Schalotte, Ingwer, Kreuzkümmel und etwas Salz vermischen und kurz durchziehen lassen.

Die Sauce mit dem Zucker und etwas Cayennepfeffer aufkochen und etwa 5 Minuten bei mittlerer Hitze kochen lassen.

Die Mango schälen und in dicken Spalten vom harten Kern schneiden. Die Hälfte des Fruchtfleisches mit dem Rum pürieren, die Mangosauce vorsichtig erwärmen und warm halten.

Das restliche Mangofruchtfleisch in 12 Würfel schneiden. Die weiße Zwiebel schälen und in 6 Spalten schneiden.

Den Backofengrill vorheizen. Auf jeden Holzspieß Mangowürfel, Garnelen und Zwiebelspalten stecken und die Spieße unter dem heißen Grill von jeder Seite 3 Minuten grillen, bis die Garnelen nicht mehr glasig sind.

Am Ende der Grillzeit die Spieße mit reichlich Orangensauce bestreichen und nochmals kurz grillen, bis die Glasur Farbe angenommen hat. Die Garnelenspieße mit der warmen Mangosauce servieren. Dazu passt knuspriges Baguette oder Wildreis.

Zubereitungszeit: etwa 30 Minuten

Für 2 Personen

- 6 Holzspieße
- Saft von 1–2 Orangen (125 ml)
- 1/2 Limette
- 1 Knoblauchzehe
- 1 Schalotte
- 1 Stück Ingwerwurzel (etwa haselnussgroß)
- 2 EL Olivenöl
- 1/2 TL gemahlener Kreuzkümmel (Cumin)
- Salz
- 1 TL brauner Zucker
- Cayennepfeffer
- 1 reife Mango
- 3 EL weißer Rum
- 1 weiße Zwiebel
- 12 große Garnelen ohne Schale und Darm (am besten Tiger Prawns)

Stellt euch vor: Ich habe einen Mann gefunden, der auch über seine Gefühle reden kann!
...und jetzt hört er nicht mehr damit auf! Stimmt's?!
P. GAY

Muschelpfanne mit Fenchel

ausgesprochen anregend für beide

Die Muscheln für etwa 5 Minuten in kaltes Wasser legen. Alle Muscheln, die an der Oberfläche schwimmen, wegwerfen, die übrigen unter fließendem kaltem Wasser gründlich bürsten und den Bart entfernen.

Die Schalotten schälen und in Ringe schneiden. Den Fenchel putzen, waschen, die äußeren Blätter, wenn nötig, dünn abschälen beziehungsweise die harten Fäden abziehen und den Fenchel in Streifen schneiden.

In einem Topf 20 g Butter erhitzen und darin bei mittlerer Hitze Schalotten und Fenchel glasig dünsten.

Das Gemüse mit Weißwein und Fischfond ablöschen, die Flüssigkeit zugedeckt zum Kochen bringen und den Fenchel bei geringer Hitze etwa 5 Minuten kochen lassen. Dann die Muscheln hineingeben und etwa 5 Minuten kochen, bis sie sich geöffnet haben.

Muscheln und Fenchel mit einer Schaumkelle herausheben. Muscheln, die sich nicht geöffnet haben, wegwerfen. Den Garsud durch ein feines Sieb gießen und auf etwa die Hälfte einkochen lassen.

Die Sahne in den Sud rühren und die Sauce mit Salz, Pfeffer und Muskat abschmecken. Nach und nach die restliche Butter mit dem Schneebesen unterschlagen.

Muscheln und Fenchel zurück in die Sauce geben, das Gericht mit Petersilie bestreuen und sofort servieren. Dazu Baguette oder Pumpernickel mit Knoblauchbutter reichen.

Zubereitungszeit: etwa 45 Minuten

Für 2 Personen

1,5 kg frische Miesmuscheln
2 Schalotten
1 kleine Fenchelknolle
50 g Butter
1/8 l trockener Weißwein
1/8 l Fischfond
100 g Sahne
Salz
Pfeffer
geriebene Muskatnuss
2 EL gehackte Petersilie

Rehmedaillons mit Physalis-Sauce

Physalis. Die kirschgroße gelbe Beere eines tropischen Nachtschattengewächses wird auch **Kapstachelbeere** genannt. Sie hat eine trockene, papierartige Hülle und schmeckt **süß-säuerlich**. Sie enthält viel Vitamin C und wirkt sanft **anregend** auf den **Kreislauf**.

stärkt das Liebesverlangen

Für 2 Personen

1 Orange
je 1/2 TL Zimtpulver, gemahlener Koriander und ganze Anissamen
2 Gewürznelken
300 g Rehfilet in Scheiben
2 Schalotten
2 EL Weizenkeimöl
Salz
Pfeffer
100 ml Wild- oder Gemüsefond
10 Physalis
20 g eiskalte Butter

Die Orange auspressen und mit den Gewürzen vermischen. Die Rehmedaillons darin etwa 2 Stunden marinieren.

Die Schalotten schälen und fein würfeln. Die Rehmedaillons trockentupfen. In einer Pfanne das Öl erhitzen und darin die Rehmedaillons bei milder Hitze von beiden Seiten jeweils etwa 6 Minuten braten. Herausnehmen, salzen und pfeffern und in Alufolie gewickelt warm stellen.

Die Schalottenwürfel im verbliebenen Bratfett goldgelb anschwitzen und mit dem Fond ablöschen.

Den Orangensud durch ein Sieb gießen, 6 Physalis aus der Hülle lösen, waschen, kleinschneiden, zum Sud geben und pürieren. Die Sauce auf etwa die Hälfte einkochen lassen. Zum Schluss die Butter in Flöckchen nach und nach mit dem Schneebesen unterschlagen.

Die Rehmedaillons kurz in der Sauce schwenken und auf zwei Tellern anrichten. Mit den übrigen Physalis garniert servieren. Dazu passen Kartoffelkroketten (TK) oder breite Bandnudeln.

Marinierzeit: etwa 2 Stunden

Zubereitungszeit: etwa 25 Minuten

Macht Lust auf mehr: Finger-Food

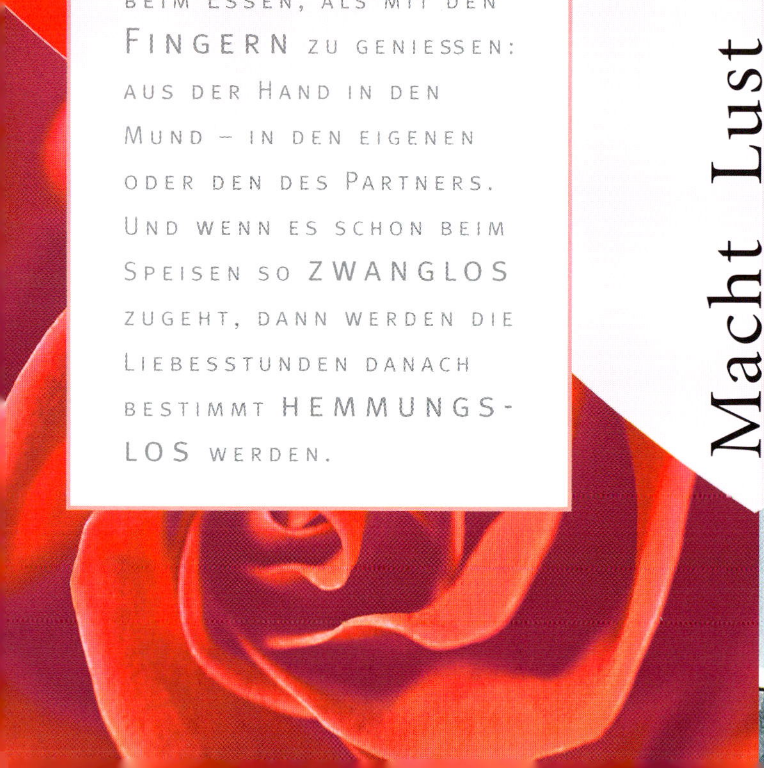

WAS GIBT ES EROTISCHERES BEIM ESSEN, ALS MIT DEN **FINGERN** ZU GENIESSEN: AUS DER HAND IN DEN MUND – IN DEN EIGENEN ODER DEN DES PARTNERS. UND WENN ES SCHON BEIM SPEISEN SO **ZWANGLOS** ZUGEHT, DANN WERDEN DIE LIEBESSTUNDEN DANACH BESTIMMT **HEMMUNGSLOS** WERDEN.

Wie war's bei euch?
s'ging so!
T. GAY

Ich freue mich jetzt schon wieder auf den Frühling – wenn man so richtig Lust aufeinander kriegt!

Avocado. Mit 11 Vitaminen und 14 Mineralstoffen enthält sie alles, was man für ein **erfülltes Liebesleben** braucht. Regelmäßig genossen macht sie den **Körper fit** für die Liebe. Außerdem sorgt sie für eine **streichelzarte Haut**.

Avocadohäppchen mit Gambas

mit Peperoni als Scharfmacher

FÜR 2 PERSONEN

1 kleine reife Avocado
2 EL Limettensaft
1/2 rote Peperoni
1/2 TL gemahlener Koriander
1/2 TL gemahlener Kreuzkümmel (Cumin)
1/2 TL Zitronenpfeffer
1 TL Sambal oelek nach Belieben
2 EL Crème fraîche
20 Minitoasts oder Käsecracker
125 g gegarte und geschälte Gambas

DIE AVOCADO HALBIEREN, den Kern entfernen und das Fruchtfleisch mit einem Löffel aus der Schale lösen. Sofort mit Limettensaft beträufeln und mit einer Gabel grob zerdrücken.

DIE HALBE PEPERONI aufschlitzen, entkernen, waschen und in sehr feine Würfel schneiden. Die Peperoniwürfel mit den Gewürzen und nach Belieben dem Sambal oelek unter das Avocadomus mengen. Zum Schluss die Crème fraîche einrühren.

DAS AVOCADOPÜREE auf die Toasts oder die Käsecracker verteilen und je 1 Gamba darauf legen.

ZUBEREITUNGSZEIT: etwa 15 Minuten

Lachsspießchen mit Obst und Joghurtsauce

mit Vitaminen, die fit machen

Für 2 Personen

Für die Sauce:

2 EL Crème double
2 EL Sahnejoghurt
1 EL Orangenmarmelade
1 TL Madras-Currypulver
Salz
Zitronenpfeffer

Für die Spiesse:

1 Kiwi
2 Pfirsiche
12 blaue Trauben
4 Scheiben Räucherlachs (etwa 200 g)
6 Holzspieße

Für die Sauce die Crème double mit Joghurt, Marmelade, Curry, Salz und Zitronenpfeffer verrühren und kalt stellen.

Die Kiwi schälen, längs halbieren und die Hälften in jeweils 3 Scheiben schneiden. Die Pfirsiche kurz mit kochendem Wasser überbrühen, häuten, dann halbieren und den Stein entfernen. Die Pfirsichhälften in jeweils 6 Spalten schneiden.

Die Trauben waschen und von den Stielen zupfen. Den Lachs in 12 etwa 2 cm breite Streifen schneiden und jeden Streifen aufrollen.

Auf jeden Holzspiess nacheinander 1 Traube, 1 Lachsrolle und 1 Pfirsichspalte stecken, dann 1 Stück Kiwi aufstecken und wieder 1 Pfirsichspalte, 1 Lachsrolle und 1 Traube als Abschluss aufspießen.

Die Lachsspiesschen mit der gekühlten Joghurtsauce servieren. Dazu passen Käsecracker und ein trockener Chardonnay.

Zubereitungszeit: etwa 20 Minuten

Erdbeer-Croûtons mit Kaviar

ein Kuss für den Gaumen

Die Toastscheiben vierteln. Das Öl in einer beschichteten Pfanne erhitzen und die Toaststücke darin knusprig braten.

Die Zitronenschale mit etwas Pfeffer vermischen. Die Erdbeeren waschen, trockentupfen und die Stielansätze entfernen. Die Beeren halbieren und jedes Stück mit der Schnittfläche in die Pfeffer-Zitronenschalen-Mischung tauchen.

Die Toasts mit Crème double bestreichen, je 1 TL Seehasenrogen darauf geben und die Erdbeeren darauf setzen. Dazu schmeckt ein Glas eisgekühlter Prosecco oder Champagner besonders gut.

Zubereitungszeit: etwa 15 Minuten

Für 2 Personen

3 Scheiben Weizentoast

2 EL kaltgepresstes Olivenöl

2 TL abgeriebene Zitronenschale

frisch gestoßener schwarzer Pfeffer

12 mittelgroße Erdbeeren (etwa 150 g)

6 TL Crème double

50 g Seehasenrogen

Naschen für die Liebe

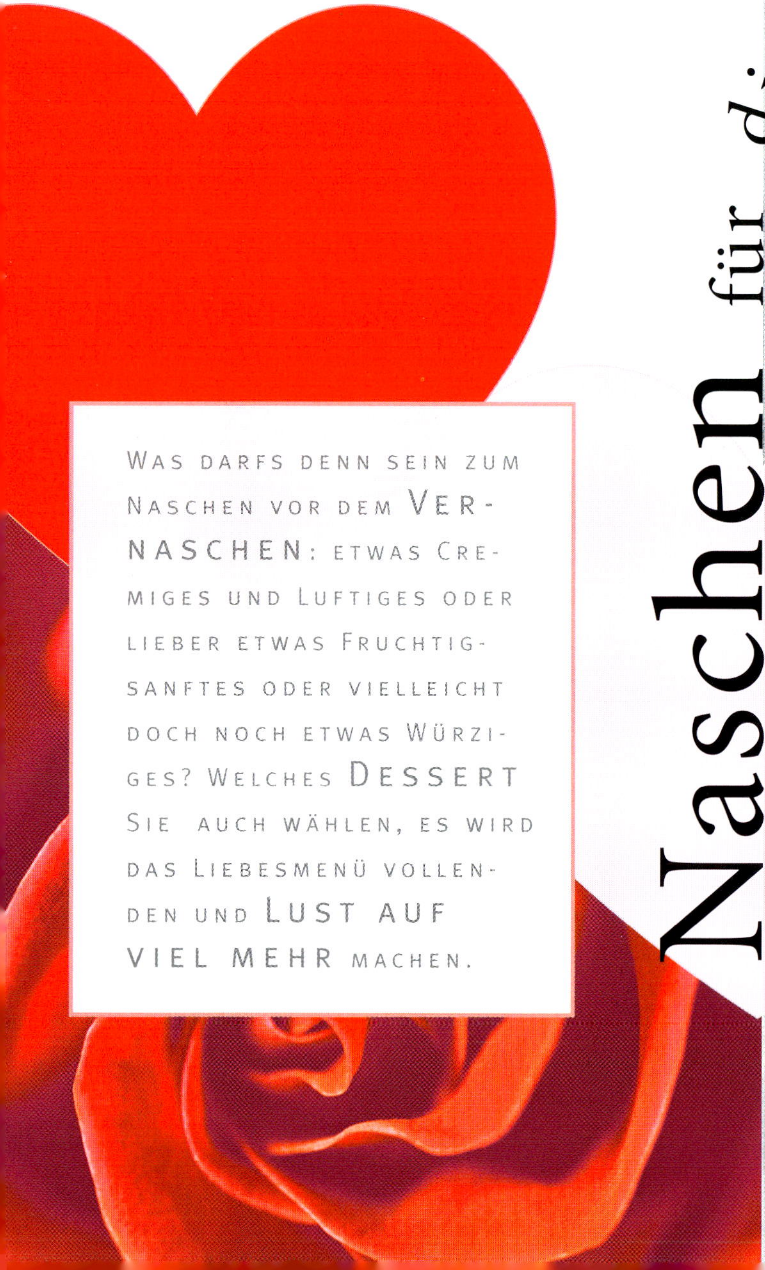

Was darfs denn sein zum Naschen vor dem Vernaschen: etwas Cremiges und Luftiges oder lieber etwas Fruchtig-sanftes oder vielleicht doch noch etwas Würziges? Welches Dessert Sie auch wählen, es wird das Liebesmenü vollenden und Lust auf viel mehr machen.

SUSANNE ICH LIEBE DICH!!
GEGEN DIESEN BESCHEID KANN
INNERHALB VON 4 WOCHEN
WIDERSPRUCH EINGELEGT WE

Feigen auf Cognac-Creme

zum Dahinschmelzen

Für 2 Personen

6 reife blaue Feigen
2 EL Vollrohrzucker
2 EL Cognac
100 g Crème double
4 Blättchen frische Minze
Puderzucker zum Bestäuben

Den Backofen auf 220° vorheizen. Die Feigen vorsichtig waschen und trockentupfen. Den Stiel abschneiden, die Feigen am Stielansatz kreuzweise bis etwa 1 cm über dem Boden einschneiden und behutsam auseinander ziehen.

Die Früchte in eine Gratinform setzen. Zucker in die Öffnung der Feigen streuen, mit Cognac beträufeln. Die Feigen im Ofen (Mitte) 10–15 Minuten backen, bis sie weich sind und der Zucker geschmolzen ist.

Die Feigen aus der Form nehmen. Den entstandenen Saft mit der Crème double verrühren, auf zwei Teller gießen und die Feigen darauf setzen.

Das Dessert im Kühlschrank für etwa 30 Minuten kalt stellen. Zum Servieren mit Minzeblättchen garnieren und mit Puderzucker bestäuben.

Zubereitungszeit: etwa 25 Minuten

Kühlzeit: etwa 30 Minuten

Kakipüree mit Marzipan

belebt das Herz und die Sinne

Für 2 Personen

2 reife Kakifrüchte
1 Päckchen Bourbon-Vanillezucker
50 g Marzipanrohmasse
1/2 TL gemahlener Piment
6 entsteinte getrocknete Pflaumen
100 g Sahne
2 EL gehackte Pistazienkerne

Die Kakifrüchte schälen und die Stielansätze entfernen. 1 Kaki mit Vanillezucker, Marzipan und Piment fein pürieren, die andere Frucht klein würfeln.

Die Trockenpflaumen in feine Streifen schneiden und unter das Kakipüree mischen. In Dessertschälchen füllen und die Kakiwürfel darauf geben.

Die Sahne steif schlagen, in einen Spritzbeutel füllen und das Kakipüree damit dekorieren. Mit Pistazien bestreut servieren.

Zubereitungszeit: etwa 15 Minuten

Ich habe über uns nachgedacht – und dabei ist mir klargeworden, daß ich ein Mann bin und du eine Frau!
P. GAY

Pinienkerne. Sie sind im **Mittelmeerraum** und in **Asien** schon seit Jahrhunderten als **Aphrodisiakum** bekannt. Pinienkerne können die **Gefühle füreinander** verstärken und stimulieren auch die sexuelle Lust. Gut für einen **romantischen Abend.**

Nussige Fruchtsauce auf Mascarpone-Joghurt

kernig, fruchtig, cremig – Genuss, der sinnlich macht

Für 2 Personen

150 g Joghurt
100 g Mascarpone
1 unbehandelte Orange
1 EL Lavendelhonig
30 g Pistazienkerne
30 g Pinienkerne
1 reife Birne
100 g blaue Trauben
1 EL Butter
2 EL Rosinen
2 EL Quittengelee
4 Hohlhippen

Joghurt und Mascarpone vermischen und glatt rühren. Die Orange heiß waschen, trocknen und 1 TL Schale abreiben. Orangenschale und Honig unter den Mascarpone-Joghurt rühren und die Mischung kalt stellen.

Pistazien- und Pinienkerne hacken. Die Birne schälen, das Kerngehäuse entfernen und das Fruchtfleisch würfeln. Die Trauben waschen und in Scheiben schneiden; dabei die Kerne entfernen.

Die Butter in einer beschichteten Pfanne erhitzen. Pistazien- und Pinienkerne mit den Rosinen darin unter Rühren rösten, bis die Kerne etwas Farbe angenommen haben. Dann die Birnenstückchen dazugeben und weich dünsten.

Die Orange auspressen. Das Quittengelee mit dem Orangensaft verrühren, in die Pfanne geben und 2–3 Minuten einkochen lassen. Die Traubenstücke in der Fruchtsauce warm werden lassen.

Die gekühlte Mascarpone-Joghurt-Mischung in Dessertschälchen oder auf Dessertteller verteilen und die Fruchtsauce darüber geben. Mit je 2 Hohlhippen garniert servieren.

Zubereitungszeit: etwa 25 Minuten

Melone in Gewürzsirup

regt den Kreislauf an

Die Melone halbieren und die Kerne entfernen. Die Melonenhälften in Spalten schneiden, diese schälen und das Fruchtfleisch würfeln.

Den Ingwer schälen. Honig, Zimt und Sirup in einem Topf erhitzen, den Ingwer dazupressen. Nach Belieben den Portwein dazugeben. Die Melonenwürfel mit der Sauce begießen und für etwa 1 Stunde kalt stellen.

Zum Servieren die Melonen in Dessertschalen verteilen, je 1 EL Crème fraîche obenauf setzen und die Pistazienkerne darüber streuen.

Zubereitungszeit: etwa 15 Minuten

Kühlzeit: etwa 1 Stunde

Für 2 Personen

1 Kantaloupe-Melone

1 Stück Ingwerwurzel (etwa haselnussgroß)

2 EL Orangenblütenhonig

1/2 TL Zimtpulver

1 EL Ingwersirup (ersatzweise Ahorn- oder Apfelsirup)

2 EL Portwein nach Belieben

2 EL Crème fraîche

2 EL gehackte Pistazienkerne

Aprikosen mit Amaretti-Schnee

entspannen und machen gut gelaunt

Den Backofen auf 200° vorheizen. Das Eiweiß mit einer Prise Salz zu sehr steifem Schnee schlagen, dabei nach und nach den Saft von 1/2 Limette dazugeben. 20 Amaretti zerbröseln und unterheben.

Die Aprikosen heiß waschen, häuten, halbieren und die Steine entfernen. Die Aprikosenhälften mit der Schnittfläche nach oben in eine feuerfeste Form legen. Den Eischnee darauf verteilen und die Früchte im heißen Ofen (Mitte) 6–7 Minuten backen, bis der Eischnee Farbe angenommen hat.

Für die Sauce den Joghurt mit dem restlichen Limettensaft und dem Zucker vermischen und auf zwei Tellern verteilen. Die Aprikosen darauf anrichten, mit Pinienkernen, Puderzucker und Amaretti garnieren.

Zubereitungszeit: etwa 25 Minuten

Für 2–3 Personen

2 Eiweiße

Salz

Saft von 1 Limette

30 Amaretti (kleine italienische Mandelmakronen)

6 frische Aprikosen

100 g Sahnejoghurt

2 EL brauner Zucker

2 EL gehackte Pinienkerne

Puderzucker zum Bestäuben

Papaya-Flan mit Erdbeeren

Zartaromatisches, das die Erwartung weckt

Den Backofen auf 150° vorheizen. 60 g Zucker mit 1 TL Wasser in einen kleinen Topf geben. Den Zucker bei mittlerer Hitze unter Rühren goldgelb karamellisieren lassen. In zwei kalt ausgespülte Puddingförmchen gießen.

Die Papaya schälen, halbieren und die Kerne entfernen. Das Fruchtfleisch mit restlichem Zucker, Ei und Sahne pürieren und in die Förmchen geben.

Die Förmchen in die Fettpfanne des Backofen setzen und so viel heißes Wasser angießen, dass sie zur Hälfte im Wasser stehen.

Die Masse im heissen Ofen (Mitte) in etwa 1 Stunde stocken lassen, herausnehmen, etwas abkühlen lassen und in den Kühlschrank stellen.

Die erkalteten Flans auf Teller stürzen. Die Erdbeeren waschen, vierteln und die Stücke um den Flan legen. Mit Puderzucker bestäubt servieren.

Zubereitungszeit: etwa 15 Minuten

Backzeit: etwa 1 Stunde

Für 2 Personen

75 g Zucker
1 Papaya
1 Ei
50 g Sahne
200 g Erdbeeren
Puderzucker zum Bestäuben

Gepfefferte Erdbeeren

machen die Liebe feurig und süß

Die Erdbeeren waschen, gut abtropfen lassen, die Stielansätze entfernen und größere Früchte der Länge nach halbieren.

Die Butter in einer beschichteten Pfanne erhitzen. Den Zucker unter Rühren darin karamellisieren lassen, vom Herd nehmen, den Wein einrühren.

Die Erdbeeren mit dem Karamell vermischen, alles mit Pfeffer bestreuen und vorsichtig erhitzen. Die Mischung auf zwei Dessertschalen verteilen und noch warm servieren. Nach Belieben mit geschlagener Sahne dekorieren.

Zubereitungszeit: etwa 15 Minuten

Für 2 Personen

500 g Erdbeeren
2 EL Butter
3 EL Vollrohrzucker
4 cl Portwein
1 TL frisch gemahlener schwarzer Pfeffer
100 g geschlagene Sahne nach Belieben

Nahrungsmittel mit großer Wirkung

APRIKOSEN

Sie enthalten viel Vitamin A, das die Schleimhäute feucht hält. Ihre B-Vitamine stärken die Nerven und ihr Kalium ist gut für die Muskelfunktionen.

AUSTERN

Das Aphrodisiakum schlechthin! Austern enthalten vor allem Phosphor, Jod und Zink – anregend für die Produktion des männlichen Sexualhormons Testosteron und des Vaginalsekrets.

CHILISCHOTEN

Sie sind super Scharfmacher: Besonders das in den Trennhäutchen enthaltene Capsaicin wirkt als euphorisierendes Akaloid. Chilischoten stärken außerdem einen schwachen Kreislauf und wirken gegen einen zu niedrigen Blutdruck.

EIER

In ihnen stecken jede Menge hochwertige Proteine, außerdem Vitamin A, B-Vitamine sowie Kalium, Magnesium und Zink. Eier stärken allgemein und fördern die Spermienproduktion.

FEIGEN

Wie Datteln und Sultaninen gehören sie zu den traditionellen Aphrodisiaka des Orients.

FENCHEL

Fenchelsamen sind bekannt als Stimulans für ältere Männer. Die anregende Wirkung kann aber bei zu hoher Dosierung zu Halluzinationen führen.

INGWER

Er macht Männer zärtlich und Frauen erotisch. Seine ätherischen Öle wirken stimulierend und bringen den Kreislauf in Schwung.

KNOBLAUCH

Er wirkt superanregend, wenn ihn beide genießen. Seine schwefelhaltigen Verbindungen fördern die Durchblutung der Geschlechtsorgane und aktivieren körpereigene Sexualhormone. Er bringt das Blut in Wallung.

KORIANDER

Er verbessert die Durchblutung im kleinen Becken und erhöht die sexuelle Empfindlichkeit.

MEERESFRÜCHTE

Krabben, Langusten, Hummer und alle Arten von Muscheln enthalten reichlich Mineralstoffe. Sie stimulieren zudem auf angenehmste Weise den Liebesappetit.

MÖHREN

Sie werden im Volksmund auch Witwentrost genannt. Ihre Karotinoide sind gut für die Liebe.

MUSKATNUSS

Sie enthält Myristicin, ein ätherisches Öl mit berauschender und stimulierender Wirkung. Achtung: Muskat verstärkt die Wirkung von Alkohol.

NELKEN

Ein Gewürz, das in geringen Mengen stimulierend, in größeren Mengen aber betäubend wirkt. Es steigert die Durchblutung der Sexualorgane und erhöht die sexuelle Empfindsamkeit.

PETERSILIE

Ihr Hauptaromastoff Apiol wirkt stimulierend. Er verursacht eine leichte Reizung der Harnwege, was zu längeren Erektionen führt.

PFEFFER

Er erhöht Sinnlichkeit und sexuelle Lust. Pfeffer wird in der ayurvedischen Medizin als Scharfmacher empfohlen. Er enthält Piperin, was die Durchblutung im Bauch und in den Sexualorganen steigert.

SCHOKOLADE

Sie enthält Phenylethylamin, einen Stimmung machenden Wirkstoff, der im Gehirn vom Körper selbst gebildet wird, wenn man sich verliebt. Um die anregende Wirkung von Schokolade zu genießen, muss es aber nicht gleich eine ganze Tafel sein. Lieber wenig davon, aber dafür genussvoll essen.

SELLERIE

Dieses Gemüse wird im Volksmund auch Geilwurz genannt. Sellerie hilft gegen sexuelle Unlust und Impotenz. Er regt die Bildung von Androsteron, einem männlichen Keimdrüsenhormon an.

ZIMT

Er stimuliert den Kreislauf und macht bereit für das Liebesspiel.

Endlich Wochenende!

Die ganze Woche fiebert man schon den beiden Tagen entgegen, die nun die Erfüllung aller erotischen Träume werden sollen. Aber jetzt bloß nicht in Hektik ausbrechen und alles, aber auch alles »durchziehen« wollen, was man sich so ausgedacht hat.

Natürlich können und sollten Sie einiges vorbereiten. Champagner kühl stellen, alle Zutaten für ein Liebesmenü oder Häppchen zwischendurch besorgen. Wenn Sie zum Essen ausgehen wollen: Tisch reservieren!

Aber lassen Sie es langsam angehen, ganz gemütlich, zum Beispiel mit einer gegenseitigen Massage. Dafür muss niemand eine Ausbildung haben. Einfach den Rücken, den Po, die Beine, Arme und den Bauch sanft kneten, drücken und streicheln. Gut geeignet dafür sind Massageöle, die Sie fertig kaufen oder auch selbst herstellen können. Besonders aphrodisierend wirken Jasmin, Patchouli oder Rose. Geben Sie dazu jeweils 15 bis 20 Tropfen des ätherischen Öls (Apotheke) zu 50 ml Avocado- oder Mandelöl. Gut vermischen und das Öl sanft kreisend einmassieren, wo immer Sie wollen.

Raus aus den Federn und ins Grüne! Nach anstrengenden Liebesnächten braucht der Körper Sauerstoff. Und gut durchblutet liebt es sich nochmal so gut. Wenn es draußen kühl ist, schmeckt hinterher heiße Schokolade oder ein Punsch, an heißen Tagen haben Sie sich ein Glas Champagner verdient.

Baden entspannt und macht sinnlich! Ein duftendes Bad, nicht zu heiß und nicht zu lang, macht beide munter und bereit für die fantasievolle Liebe. Versuchen Sie als Badezusatz Neroli, eines der wertvollsten Öle. Es wird aus den Blüten der Pomeranze gewonnen. Der Duft löst seelische und körperliche Blockaden und baut Hemmungen ab. Verquirlen Sie 10 Tropfen davon mit Avocadoöl oder Sahne. Erst ins Badewasser geben, wenn die Wanne voll ist, das Aroma verflüchtigt sich sonst zu schnell.

Menüplan für ein erotisches Wochenende

FREITAG ABEND

Champagner-Risotto mit Spargel (Seite 35)
Gepfefferte Erdbeeren (Seite 73)

SAMSTAG FRÜH

Vanillekakao mit frischen Feigen (Seite 16) oder
Nussige Fruchtsauce auf Mascarpone-Joghurt (Seite 69)

SAMSTAG MITTAG

Rehmedaillons mit Physalis-Sauce (Seite 51)
Kakipüree mit Marzipan (Seite 67)

SAMSTAG ZWISCHENDURCH

Möhren-Melonen-Drink mit Zimt (Seite 13)

SAMSTAG ABEND

Artischockenherzen mit Garnelen (Seite 59)
Tomaten mit Petersilienpesto (Seite 21)
Austernpilze mit Knoblauch (Seite 21)
Feigen auf Cognac-Creme (Seite 67)

SONNTAG FRÜH

Mandel-Vanille-Milch mit Heidelbeeren (Seite 17)

SONNTAG MITTAG

Avocadosalat mit Pinienkernen (Seite 25)
Mini-Muskatquiches (Seite 61)

SONNTAG ZWISCHENDURCH

Lachsspießchen mit Obst und Joghurtsauce (Seite 57)

SONNTAG ABEND

Carpaccio von Steinpilzen (Seite 23)
Garnelenspieße mit Mangosauce (Seite 47)
Aprikosen mit Amaretti-Schnee (Seite 71)

Register

Impressum

Redaktion:
Stefanie Poziombka

Lektorat: Claudia Schmidt

Layout und Typographie:
wildatart, Andrea Schmidt

Umschlaggestaltung:
wildatart, Andrea Schmidt

Rezeptfotos:
Barbara Bonisolli

Foodstyling: Hans Gerlach

Sonstige Bilder:
Stockfood Eising

Cartoons: Peter Gaymann

Herstellung: Renate Hutt

Satz:
Filmsatz Schröter, München

Reproduktion:
Penta Repro, München

Druck und Bindung:
Druckerei Auer, Donauwörth

ISBN 3-7742-3269-5

Peter Gaymann, geb. 1950 in Freiburg im Breisgau, gehört zu den erfolgreichsten deutschen Cartoonzeichnern. Seit seinem 1984 erschienenen Cartoonband »Huhnstage« sind die Hühner zu seinem Markenzeichen geworden. Seinen Zeichnungen und Drucken wurden zahlreiche Ausstellungen gewidmet, sie erscheinen regelmäßig in Magazinen wie BRIGITTE und GONG sowie in vielen Zeitschriften, darunter verschiedene Kochzeitschriften. Gaymann lebt, nach einem mehrjährigen Aufenthalt in Rom, als freier Zeichner und Grafiker in Köln.

Doris Muliar. Die gebürtige Österreicherin arbeitet seit 1985 für Hörfunk, Fernsehen und Verlage. Sie hat schon zahlreiche Bücher zu den Themen Gesundheit und Fitness geschrieben. Die Autorin weiß aus langjähriger Erfahrung wie wichtig eine ausgewogene und sorgfältig zusammengestellte Ernährung für den Körper und die Seele ist. Ihre Rezepte zu diesem Buch enthalten nicht nur die Stoffe, die glücklich machen und anregen, sie sehen auch zum Vernaschen hübsch aus.

Barbara Bonisolli gehört zur jungen Generation der Foodfotografen. Neben gutem Essen gilt ihr Interesse allen schönen Dingen rund um Tisch und Küche. Das ansprechende Ambiente für ihre Fotos gestaltet Barbara Bonisolli deshalb selbst. Zu ihrem Kundenkreis gehören Zeitschriften und Kochbuchverlage, daneben arbeitet sie für Werbung und Industrie. Für das Foodstyling der Bilder dieses Buches zeichnet Hans Gerlach verantwortlich. Er ist gelernter Koch und Architekt sowie Mitinhaber der Agentur »food & text«.

Auflage	5.	4.	3.	2.	1.
Jahr	05	04	03	02	01

Weitere Informationen zu Peter Gaymanns Postkarten und Geschenkartikeln erhalten Sie bei:
Cartoon Concept®
Postfach 1269
30012 Hannover

Das Original mit Garantie

Ihre Meinung ist uns wichtig. Deshalb möchten wir Ihre Kritik, gerne aber auch Ihr Lob erfahren. Um als führender Ratgeberverlag für Sie noch besser zu werden. Darum: schreiben Sie uns! Wir freuen uns auf Ihre Post und wüschen Ihnen viel Spaß mit Ihrem GU-Ratgeber.

Unsere Garantie: Sollte ein GU-Ratgeber einmal einen Fehler enthalten, schicken Sie uns das Buch mit einem kleinen Hinweis und der Quittung innerhalb von sechs Monaten nach dem Kauf zurück. Wir tauschen Ihnen den GU-Ratgeber gegen einen anderen zum gleichen oder ähnlichen Thema um.

Ihr Gräfe und Unzer Verlag
Redaktion Kochen
Postfach 860325
81630 München
Fax. 089/41981-113
e-mail:
leserservice@graefe-und-unzer.de